ULRIEKE RUWISCH wurde 1958 in Groningen (Niederlande) geboren. Sie studierte Germanistik, Philosophie und Publizistik in Münster, bevor sie in mehreren Verlagen als Lektorin arbeitete. Heute lebt sie als freie Autorin, Übersetzerin, Lektorin und Journalistin in München. Sie ist Mitglied der Europäischen Autorenvereinigung DIE KOGGE.

Weitere Infos unter www.ulrieke-ruwisch.de

Ulrieke Ruwisch
Im Dornengarten

Gedichte

Weitere Informationen über den Verlag und sein Programm unter:
www.allitera.de

Bibliographische Information der Deutschen Bibliothek

Die Deutsche Bibliothek verzeichnet diese Publikation in der Deutschen Nationalbibliographie; detaillierte bibliographische Daten sind im Internet über <http://dnb.ddb.de> abrufbar.

Dezember 2005
Allitera Verlag
Ein Verlag der Buch&media GmbH, München
© 2005 Buch&media GmbH,München (Allitera Verlag)
Umschlaggestaltung: Frank Ruprecht
Herstellung: Books on Demand GmbH, Norderstedt
Printed in Germany · ISBN 3-86520-164-4

Inhalt

Spaziergang · 7
Schon – noch – bald · 8
Arkadien · 9
Tauwetter · 10
Metamorphose in Dur · 11
Luftige Liebeserklärungen · 12
Zuspruch · 14
Fern und doch so nah · 15
Kreislauf · 16
Wegschleifen · 17
Ungeduld · 18
Geisterfahrt · 19
Fahrt ins Blaue · 20
Mein Herz · 21
Halt mich · 22
Pflanz den Dorn · 23
Wandeln · 24
So viele Tage noch · 25
Tausend Fragen · 26
Tango · 27
(Seine) Grammatik · 28
Kalter Schauer · 29
Redekunst · 30
Zwei Königskinder · 31
Mythos Mann · 32
Kaltes Eden · 33
Nabelschau I · 34
Nabelschau II · 35
Engel · 36
Verzeih mir · 37
Welkes Herz · 38
Wintereinbruch · 39
Gefährliche Liebe · 40
L(i)ebe(n)slauf · 41
Sichtweisen · 42

Gebet einer Frau · 43
Wüstes Land · 44
Phantom · 45
Tilt · 46
Du · 47
Fruchtwechsel · 48
Ich hatte einmal · 49
Requiem · 50
Sein Schweigen · 51
Im Schatten blühen · 52
Abschied · 53
Hoffnung · 54
In Gedanken · 55
Alles für die Katz · 56
Ent-Täuschung · 57
Spielball · 58
Sorgen · 59
Höhere Mathematik · 60
Abschied nehmen · 61
Gern würd ich · 62
Heim-Weh · 63
Das Herz · 64
Sternschnuppen · 65
Im Dunkel des Winters · 66
Reise · 67
Metamorphose eines Tortenstücks · 68
Besuch · 69
Zäsur · 70
Wiesen und Weiten · 71
Im Garten · 72
Ariadnefaden · 73
Supernova · 74
Seismogramm eines Abends · 75
Was bleibt · 76
Danach · 77
Zuhause · 78

Spaziergang

Nach und nach
langsam
fielen die Seelen
in den Gleichklang der Schritte
Die milchige Sonne
loderte
als rotes Echo
in mir

Ich bange
um meine Seele
die schon lange
verloren ist

Schon – noch – bald

schon
      haben wir uns
getroffen

noch
      treffen wir
uns

bald
      werden wir uns
treffen

      mitten
       ins
      Herz

Arkadien

Nur einmal
ein einziges Mal
loslassen
sich fallen lassen
in Abrahams Schoß
ohne
blaue Flecken

einfach ganz und gar
Ich sein

Tauwetter

Wie Schneelawinen
von den Dächern
stürze ich
ins Rosenbeet
und
keine Versicherung
beschirmt
den Fall meines Herzens
aus der Zeit

Metamorphose in Dur

Deine Stimme
bringt meine Fasern
zum Schwingen
mein Herz probt die
Resonanz und

brummt

Unstimmig noch der
Klang-Körper

Bald

ziehen wir die schönsten Saiten
auf und spielen

unsere Himmelsmusik

Luftige Liebeserklärungen

1.
Ich fliege ohne
dass das Wachs der Flügel
schmilzt

Doch wie leicht entflammbar
bin ich durch
dich

2.
Selbst wenn ein
Tiefdruckgebiet das
Herz niederdrückt

der Aufwind deiner
Stimme beschirmt
den Fall

3.
So viele Tage brenne
ich schon ohne
zu verglühen

Wie ein Heißluftballon fahre ich
auf dich zu dann aus der
Haut

lasse alle Hüllen
fallen und lege mein
Herz in
deine Glut

Zuspruch

Werfe
das Herz hoch in die
Luft
genieße den sonnigen
Duft
sauge ihn tief
in die Lungen
lasse wild flattern
die Zungen
der Dorn wiegt sich
im Wind
den Kelch findet er
blind
laut singen Engel im Strauch –

und wir jubeln auch

Fern und doch so nah

Fern und doch so nah
die Herzkammern weit geöffnet –
die Lenden gespannt
fliegt der
      Pfeil
mitten ins Erdbeerfeld
wo
      Honig
tränen
      Wärme
tropfen

Kreislauf

Wie Laub stürze ich
in Dein
Bett
das Du mit Herzflaum
gepolstert hast

Ich knospe

glühe

stürze

wie Laub

Wegschleifen

Im Labyrinth des
Lebens
findet das Liebes
           Leben
     blind

       zu

dir

Ungeduld

Ungeduld
überm Palatschinken
Schweigsame Vorsicht
beim Singen
gemeinsamer Lieder
Dann glüht
die Sonne
unterm Laken

Geisterfahrt

sinne
auf reisen

sinn
volles
fahren
aus der
haut

ausfahren ins
nebendir
zufahren ins
streichelblau

auf

zu

treuen händen

Fahrt ins Blaue

Die Körper
Karten
wandern wir
    tastend
von Land zu Land
nähern uns
    Grenzen
gelangen zum
    Pass
ohne Kontrolle

    springenden
nur an   Tagen

kommen

von   Höhe
    punkt
        zu
          Höhe
    punkt

reisen
zu
    den

      Tiefen

der

Seelen

Mein Herz

Mein Herz

es brennt

      für Dich
es funkelt

      für Dich

es sprüht
      für Dich

Sternschnuppen die nicht verglühn

Halt mich

Halt mich
dass ich nicht falle
und
lass mich los
damit ich fliegen kann

Pflanz den Dorn

Pflanz den Dorn
säe Staunen
und
aus der Mitte
werden
Rosenblätter blühen
und

Wunder

Wandeln

Auf den Spuren
des Ichs
wandele ich auf
herzwürdigem Grat
zwischen
ihm und mir
und staune über
die Facetten von
Herz und Seele

und es blüht
ein neuer Traum der
den Alb
aufheulen lässt
und
Freiheit
sucht

So viele Tage noch

So viele Tage noch
Tage ohne dich

nicht ganz verloren

so viele Festtage
ohne Fest
so viele Umarmungen
ohne Berührung
so viele Augenblicke
ohne Augen
so viele Herzschläge
ohne Puls

das Hämmern in der Brust
sehnt sich ein
Echo
tränen
haltlos

Ungeduld brennt
die Zeit unter den Nägeln
auf der Suche nach
Ewigkeit

Tausend Fragen

Tausend Fragen
die keine Antwort
suchen nur bange
Zeitrechnungen
wann wo wie

nichts
außer einer Sucht die
sehnt und Tränen
des Vergehens die das
Kommen
wässern

Tango

Ein Tanz auf Messers Schneide
tief im Leben
auf einer Seite spielen
auf einer Saite spielen
dicht sich einlassen

auf den Tod

(Seine) Grammatik

Er sagt
ich werde
wir werden

im Futur ist alles rosig

allein

im Präsens bleibt alles
sonntagsgrau

Welche Sonne sollte auch
aufgehen wenn
er den Horizont
Du

überspringt

Kalter Schauer

Vor uns keine
Nacht

statt Lustperlen
eisige Gletscherzungen
die Tage verzehren

auf der Suche nach
Sinn
den Dampf deines
Duschens
hinter die Tür gesperrt

alles Sinnliche verdampft
ungefragt

Redekunst

Miteinander
ist eigentlich keine Kunst
Nur einige meinen
es müsse
Kunst sein
und reden kunstvoll
am anderen vorbei
reden künstlich
bis zum Kunstfehler –
dann wird es Zeit
zu gehen

Zwei Königskinder

Zwei Königskinder
kamen zusammen
hier und da
da und dort
trennte sie die
Pflicht

Es waren zwei Königskinder –
ohne Reich

Mythos Mann

Schüchtern
dann mutig vorpreschend
wenn genug Indizien
dafür gesammelt

Muskelspiel
Schamspiel
Schwellkörperspiel
Anarchismus
Egomanie

    Schuss

    Lost in space

Kaltes Eden

Wandeln
in Gärten der
Träume
den Garten
schauen
ein Wimpernschlag
Paradies

in den sauren Apfel
beißen

winterfest
werden

Nabelschau I

Dein Nabel ist
eine Schau sagt er und sein Blick
gleitet vom Hals bis zum Zeh

Peep
sagt später mein Kopf der
sich wie der Mittelpunkt abgenabelt
fühlt
ins (T)schau-(t)schau

Nabelschau II

Du bist da und halb
fort und halb
bin ich

Wir stürzen ins Rosenbeet ohne
Blick für die Wunde die
der Dorn in die Mitte reißt der
nicht in deiner
Welt wächst

der Koitus gerät
zum
Inter
Ruptus
wenn du deiner
Zimtwege gehst unterhalb
des Nabels der keine
Schau lässt

Engel

Engel
sagst du
und hebst mich hoch schiebst
mich in einen Himmel den es
nicht gibt

Keine Sonne die
wärmt
Brandblasen vernarben das
Herz

Weit oben schwebe
ich zwischen dir, der Erde und

nehme nichts als
Sonne

Verzeih mir

Verzeih mir
die verlangenden Worte
aber mein Herz
verstehst du
mein Herz
rätselt
um meine Seele
wenn die Rose
dem Dorn entgegenblüht und
jedes Blatt
bebt
vom Tau deiner Stimme

Mein Herz
verstehst du
mein Herz
dürstet
und bangt um
Dürre

Welkes Herz

Mein Herz
ist welk
vor der Zeit

der Gärtner zer
pflegte die Rose
vergaß sie zu
gießen

Worte tropfen und
höhlen das Beet das
einmal unser gemeinsames
Bett war

Rose und Gärtner
Dorn du, Blatt ich

Dorn sticht ins Fleisch
Rose verströmt Saft
reckt sich
verduftend
dem Gärtner entgegen
bettelt blutrot um
Halt der
Wurzeln

Worte höhlen das Beet

In diesem Sommer blieb
der Regen aus

Wintereinbruch

Jahreszeiten
kommen und gehen
wie Du
gestern, heute und morgen
hinterlässt du
überziehst du

deine wortspur und
mein herz mit
eis
lässt es frösteln und

sommer
wird es nie mehr werden

Gefährliche Liebe

stand
      by me
stents
      for you
stunts
      for us

hin und wieder

standing ovations

unsere Liebe

ein Dauer
      brenner
der im
    stand
        by
die stromrechnungen
in
  die
     höhe
        treibt

werden wir flüssig

bleiben?

L(i)ebe(n)slauf

Reisen
ankommen
da sein
reden
höher hinaus
schweigen
Augen
Blicke

Gefühle fahren aus der
Haut

Abschied
sich erinnern
und Paternoster
fahren

Sichtweisen

Sein Blick
genial und weit
geöffnet

die Augen
blind
auf mich gerichtet

fordert er
das Verstehen
der Welt

Gebet einer Frau

Du hast mich so
lieb

ausgehalten
aufgehalten
angehalten

hast mir liebevoll so
vieles

versprochen
abgesprochen
abgebrochen

Gelobt seist du und was
hart macht

Schmore in der Hölle!

Wüstes Land

Verloren in der Nacht
durchstreife ich
wüstenkalte Länder
suche das
erstgeborene Land
suche im
Werweißwo das
Wunderland
tauche in ein eisiges Meer
ziehe mich
selbst an Land
wo mein Herz
Anker
warf und
bange um den
Grund

verloren
in der Nacht

Phantom

In Liebe
geschwelgt und in
Lust geschmort
Wüste   Oase
du
Fata Morgana
wir

Die Blüte vom Rutenkaktus gepflückt
Stacheln herausgerissen
verloren in der Wüste

es schmerzt das Phantom
durch das
Herz

Tilt

Der Chip Körper
funktioniert
die Wahrnehmung
streikt
das Herz
probt
den Generalstreik

Tilt
und Tod

ohne dich

Du

Helle Töne der
Lust
wecken
dunkle Töne des
Leids

schwingen zwischen
Leben
     und
Tod

Fruchtwechsel

Heiter und strahlend
säten sie
Liebe

Wolken
dunkel und drohend
zogen auf über
Nacht

trauerten um
Sonne

Die Frucht
muss fünffache Süße
tragen

und Liebe
bitter
ab
büßen

Ich hatte einmal

Ich hatte einmal
Sehnsucht nach
dir

sehne ich
dich
suche ich
dich

dein Herz schlägt
findend
und kündet von
Liebe
wenn du es

lässt

Requiem

Seine Augen sagen
so viel
und seine Worte
widersprechen dem Blick
meine Skepsis
glaubt den Augen nicht

der Rückzug aufs Schweigen
ein Minenfeld

Sein Schweigen

Sein Schweigen
beredter
als jedes Wort
jede Geste
trifft
tief
die Ahnung
von Anbeginn

Im Schatten blühen

Im Schatten blühen und
schreien nach Licht
Dunkelheit verschüttet den
Glauben an Sonne

Worte tropfen durchs Netz
direkt ins Herz das weiß
bebt und bangt und weiß
um den Augenblick

»Kein Anschluss ...«

Abschied

Flügellahm
und ohne Worte
findet ein
Wir
nicht mehr
zum
Du

Hoffnung

Ein Wort nur
und meine Seele
würde gesund

Doch in das
redegewandte Schweigen
senkt sich
Stummheit
und dunkle Töne
zerschneiden das
Ich

In Gedanken

In Gedanken war ich
so nah bei ihm
sein Anruf
schichtet dazwischen
geröll

verschüttet
frage ich mich was
bleibt

Alles für die Katz

Knusper, knusper,
Mäuschen
völlig aus dem
Häuschen

knabbert
         er
krault knapp

füttert
Mäuschen

fett mit Speck
        für

die Katz

Ent-Täuschung

Er sagt er
steht
zu mir

soll ich deshalb
im Schatten der Nacht
zu ihm schleichen
wie ein Dieb um mich
im Dunst des frühen Tages
davonzustehlen

der Schleier
den zart die Stunden webten
der Zauber
aus Worten gewirkt

zerreißt

das Herz

Spielball

Früher
auf Wogen der Liebe
getanzt

plötzlich
Flaute

Das Spiel war aus

Sorgen

Sorgen für
sich sorgen um

ausgesorgt

Höhere Mathematik

Einsatz
Kaffeesatz
Dreisatz

Abschied nehmen

Abschied nehmen
von so vielem
dass es
für ein Leben

reicht

Gern würd ich

Gern würd ich den Dornen glauben die
die Nacht erhellen und
Wärme verheißen

Aber leis schlägt die Zeit im
Garten einen anderen
Rhythmus

In das Finden
hämmert schon
der Verlust

Heim-Weh

ein Stück des Weges
gehen
ankommen
beim Du
loslassen
und fallen in
ein Stück Heimat

ein Stück des Weges
gehen
immer wieder
ankommen
loslassen
und vor verschlossener
Tür stehen

vorsichtig anklopfen
mit tränendem Herz

pochende Ruhestörung

ein Stück des Weges
gehen

heim
ins weh

Das Herz

Das Herz ist
bestellt
der Frost hält
das Saatgut
gefangen
die Schnäbel
der Nebelkrähen
schlagen hart
in die Erde
verfehlen noch
ihr Ziel
die Erde bittet laut
um Schnee und
Frucht drängt dem
Frühling entgegen

allein

das Herz weiß um
Wärme und Licht und

den Verlust der
Augen

Sternschnuppen

Aug um Aug
Wort um Wort
Hauch um Hauch

tasten

seine Hände

stimmen

ein

auf das vergehen
das glüht und

niemals

vergeht
vergeht
vergeht

Im Dunkel des Winters

Im Dunkel des Winters
entzündet
der Dorn
die Laterne
und leuchtet aus
das Herz

Perlen
fallen
in den Kelch

Die Seele trinkt
blüht auf und
wendet sich hin
zu Licht und Leben

webt Zukunft
im Kokon Erinnerung

Reise

Von dem einen
bin ich
fortgegangen

in Schmerzen

beim anderen
werd ich nie
ankommen
ohne Leid

das Nirgendwo heißt
mich
willkommen

Metamorphose eines Tortenstücks

An   ge   richtet
als kalte Schnauze
an   ge   klagt
der Kaltschnäuzigkeit
was einst so
süß
hoch   ge   stapelt

ich winsele
ziehe
den Schwanz
ein und

beiße den der
mich

streichelt

Besuch

Die Farben des Gartens betören
das Herz
der Kelch blüht auf die
Augen brennen

Im Flug
verstreicht die Zeit flieht
in Erinnerung brütet an gegen
den Verlust

Eine Rose schlüpft
trotzt blutrot
dem Winter

Im fernen Eis spiegelt sich schon
der Sommer

Zäsur

Irgendwann

mit dem Leben fertig
werden

ausrechnen
nachrechnen
abrechnen

Neubeginn
testamentieren

und am nächsten Tag

zaghaftes

Lächeln

Wiesen und Weiten

Wiesen und Weiten
durchwandern
Wärme
pflücken
Töne
fangen
das Herz himmelwärts
steigen lassen
den Schmerz sich
durchschmerzen lassen
bis zum Grund
Dornbusch aus
Trost, Traum und Trauer

es brennt der
Garten
mitten im
Winter

Im Garten

Im Garten
ist der Tisch reich gedeckt
festlich geschmückt
Rot pulst die Sonne farbig
bricht sich das Licht beim Tanz
der Rosen
Blau streichelt das Meer übers
Beet
Kelch und Dorn trinken
den Duft
das Rot und das Licht
wachsen
in einen Augenblick ohne
Raum und Zeit

Im Garten
ist der Tisch reich gedeckt

Ariadnefaden

Als roter
Faden wickelt sich
mein Leben
ab

durchs Labyrinth
hin
zur
Liebe

wissend um
Anfang
und

Ende

findet
blind

zu

dir

Supernova

Wie ein roter
Riese
wächst mein Ich

dir zu

wächst und wächst und wächst

die Angst vor
dem schwarzen Loch

sie
lässt mich

lieben

Seismogramm eines Abends

Fließend
    ohne zu verwässern
schrittweise
    reden und schweigen wir
von uns

    anschließend
Genuss mit allen
    Sinnen
beim einfachen
    Mahl

Das Dessert
    süß und sämig
wie
    Honig

bitter schmeckt die
    Angst
vor dem letzten

    Löffel

Was bleibt

Geschwiegen
ineinander gekrochen
geredet
Kindheitsländer erwandert
Wellen belauscht
Abendröte erschlichen
mit Worten gegeizt

angstvoll
die Seele des anderen
gemieden

auseinander gegangen
ohne Versicherung

nur der Blick
und ein Satz

und der Geruch

Spuren
zum Du

Danach

Aus dunklen Wellen taucht
die Seele wieder
übers Wasser hinaus
im Geist schwappen
Wogen umspülen
das Herz

Heiterkeit mit
Schleudertrauma

Zuhause

Ich wohne
da und da
zu Hause
irgendwo nirgends

auf meiner Insel

zu Hause
darin leben

mit mir